La vida en el hogar

Sharon Coan, M.S.Ed.

Ellos viven en una **ciudad** grande.

Nosotros vivimos en una ciudad grande.

Este es su hogar.

Este es nuestro hogar.

Ellos preparan la cena.

Nosotros preparamos la cena.

Ellas lavan los trastos.

Nosotras lavamos los trastos.

Ellas compran ropa.

Nosotras compramos ropa.

Ellos van a muchos **lugares.**

Nosotros vamos a muchos lugares.

Ellas juegan con amigas.

Nosotros jugamos con amigos.

A ellos les gusta su hogar.

A nosotros nos gusta nuestro hogar.

¡Dibújalo!

1. Piensa en tu hogar.
2. ¿Qué haces en tu hogar?

Juego en el patio.

3. Haz un dibujo.

Glosario

ciudad: un poblado grande

lugares: partes del mundo

Índice analítico

amigas, 14

cena, 6–7

ropa, 10–11

trastos, 8–9

¡Tu turno!

El hogar es un lugar especial. ¿Qué te gusta de tu hogar? Coméntalo con un amigo.

23

Asesoras

Shelley Scudder
Maestra de educación de estudiantes dotados
Broward County Schools

Caryn Williams, M.S.Ed.
Madison County Schools
Huntsville, AL

Créditos de publicación
Conni Medina, M.A.Ed., *Gerente editorial*
Lee Aucoin, *Directora creativa*
Torrey Maloof, *Editora*
Lexa Hoang, *Diseñadora*
Stephanie Reid, *Editora de fotos*
Rachelle Cracchiolo, M.S.Ed., *Editora comercial*

Créditos de imágenes: Tapa, pág.1 Blue Jean Images/Alamy; pág.17 Golden Pixels LLC/Alamy; pág.3 Wendy Connett/Alamy; pág.5 Blue Jean Images/Alamy; pág.7 Wavebreak Media ltd/Alamy; pág.16 Bert Hardy/Getty Image; pág.6 H. Armstrong Roberts/Getty Images; pág.12 Hulton Archive/Getty Images; pág.10 Three Lions/Getty Images; pág.14 Time & Life Pictures/Getty Image; pág.13 somethingway/iStockphoto; pág.23 Diana Kenney; pág.2 LOC [LC-D401-12683]/The Library of Congress; pág.8 LOC [LC-DIG-fsa-8e10821]/The Library of Congress; pág.4 LC-DIG-nclc-04667/The Library of Congress; pág.22 LC-DIG-ppmsc-00046/The Library of Congress; pág.19 Teacher Created Materials; todas las demás imágenes de Shutterstock.

Teacher Created Materials
5301 Oceanus Drive
Huntington Beach, CA 92649-1030
http://www.tcmpub.com
ISBN 978-1-4938-0424-5
© 2016 Teacher Created Materials, Inc.
Printed in Malaysia
Thumbprints.42806